AF236121

RCL Klopp

Gelassenheit

Eine Brücke die uns trägt

Verdichtete Gedanken
6

FSC
www.fsc.org
MIX
Papier aus ver-
antwortungsvollen
Quellen
Paper from
responsible sources
FSC® C105338

©2021 RCL Klopp

Fotos und Layout
RCL Klopp

Foto Umschlagrückseite
Louisa Klopp

Herstellung und Verlag:
BoD - Books on Demand, Norderstedt

ISBN: 978-3-7534-3568-8

Danksagung

Ich bin seit über 50 Jahren mit meiner Frau Brigitte verheiratet. In dieser Zeit haben wir oft um Positionen gestritten – uns wechselseitig herausgefordert und dabei Neues in unserer Beziehung entwickelt. Wir sind nicht mehr das, was wir zu Beginn unseres gemeinsamen Lebens einmal waren, und das ist gut so. Ohne sie wäre ich nicht der Mensch, der ich heute bin und ohne sie – und darauf will ich hinaus – wären meine Texte nicht so, wie sie sind.

Seit längerer Zeit gehen wir gemeinsam die hier abgedruckten Texte durch. Sie kritisiert und sagt mir dazu ihre Meinung. Ich neige zu kleistschen Schachtelsätzen und will dabei manchmal zu viel erklären. Oft sagt sie: "Das kannst du besser ausdrücken!!"

Schluck – fällt mir nicht ganz leicht, das von ihr zu hören. „es ist nicht einfach, dich von einem anderen Standpunkt zu überzeugen," meint sie, aber wo, es nötig ist, da lasse ich mich auf sie ein. Und so wird vieles passender, kürzer und lockerer. Es ist nicht immer einfach mit mir, aber ich bin ihr dankbar dafür, dass sie bereit ist, immer wieder mit mir in den Ring zu steigen, um das richtige Ergebnis zu erzielen. Wobei ich sagen muss, richtig ist relativ betrachtet, eben meine persönliche Einstellung, die lange nicht für jeden gilt.

Ich bin dankbar dafür, mit einer so liebevollen Kritikerin leben zu dürfen.

Vorab ein technischer Hinweis. Beim Lesen sollte man vielleicht nach ein, zwei oder vielleicht auch drei Texten eine Pause machen und in sich hineinfühlen, ob der Gedanke innerlich etwas wachruft, was man eigentlich schon immer gewusst oder auch so empfunden hat. Nur das, was du eigentlich schon weißt, gehört wirklich zu dir.

Wenn wir aufmerksam in uns hineinhorchen, dann ist da ein Wissen lange schon vorhanden gewesen, das wir im lauten Alltagsgeschäft einfach nicht zu Wort haben kommen lassen, etwas universell Menschliches.

Mein Leben ist durch ein christliches Elternhaus geprägt und verwurzelt. Ich bin aber davon überzeugt, dass es nur einen Gott geben kann, den keine Kirche oder Glaubensgemeinschaft alleinseligmachend für sich beanspruchen kann. Darum bemühe ich mich, meine Worte so zu wählen, dass sie möglichst niemanden ausschließen. Die Erde, ja das Weltall ist ein Ganzes, und in diesem Sinne ist es gut, wenn wir alle voneinander lernen können.

Ja, Lernen ist eine Sache, die niemals aufhört. Was die Gelassenheit anbelangt, so bin ich der Meinung, dass ich jedenfalls sie nicht dauerhaft haben kann. Ich habe vielleicht ein gewisses Grundwerkzeug und in einer beunruhigenden Situation muss ich es mir bewusst machen, um mir die angemessene Gelassenheit zu erarbeiten.

Grundvoraussetzung dazu ist das Gespräch mit Gott, den ich glücklicherweise immer in meinem Herzen dabei habe. Ich kann ihm alles vor die Füße knallen, schimpfen wie ein Rohrspatz. Meine Gefühle herausschreien, meine Enttäuschung über die Situation ausdrücken. Zur geordneten Gesprächskultur gehört es dann aber auch, das Gegenüber zu Wort kommen zu lassen. Ruhe geben, einen Raum geben für eine Antwort.

Mich besinnen darauf mit wem ich es zu tun habe. Ehrfurcht, Vertrauen, dass Bewusstsein einer unendlichen, unerschöpflichen Liebe wirken zu lassen. Oftmals kann ich kein „WARUM" erkennen und muss am Ende ein liebevolles „Vertrau mir!!" als eine Antwort akzeptieren. Manchmal kommen auch lange, wundervolle Gespräche dabei heraus, dann, wenn ich die Voraussetzung schaffe, mich ganz loszulassen und Gott meine innere Wirklichkeit sein zu lassen. Loslassen, Zulassen, das Leben zulassen, wo ich es nicht mehr im Griff habe.

Weil immer neue Bilderwolken ziehen
und Licht
der Schatten wundersame Formen wirkt
ist jeder neue Tag nur zu verstehen
wenn wir bereit sind
mutig und gelassen
darin zu vergehen

Mit wachen Augen
Alles
und immer wieder
neu zu sehn

Feuerofen

Es ist die Glut des Feuers
die verwandelt
die edel macht
doch nicht zerstört was edel ist
für neue Ziele Leben vorbereitet
und fähig macht
im Sturmwind zu bestehn

So mancher Tag und manche Stunde
von der wir wünschten
sie würd' uns umgehn
uns übersehen
statt in unsrem Munde
mit Bitterkeit uns heimzusuchen
Schluck für Schluck
hat uns im Rückblick zwar die Wunde
jedoch auch reiche Schätze hinterlassen
mit denen wir die Welt
ganz neu - erfassen

Gelassen durch den Feuerofen schreiten
und nicht verbrennen noch vergehn
das können wir
wenn Hoffnung uns begleitet
dass fest der Lebensboden ist
auf dem wir stehn
und etwas ist
was uns geleitet
mit jedem Schritt
den wir nach vorne gehn

Und tief in unsrem Herzen wächst die Kraft
die immer wieder
neu uns vorbereitet
auf jeden Tag
und jede Stunde
in der Verzweiflung nach uns greift
uns zu verbrennen

Sie kann es nicht
wo wir des Lebens Kräfte kennen
die uns zwar läutern
jedoch zerstören
wollen - können sie uns nicht

Zum Sterben braucht es Gelassenheit
Bis dahin bleibt mir mein ganzes Leben
um zu lernen und zu üben
wie gut es sein kann
die Hände zu öffnen
und vertrauensvoll
geschehen zu lassen
was ich doch nicht ändern kann

Das Leben lassen
Weil das Leben viel mehr ist als ich
und mehr weiß über die Liebe
als dass ich ihm nicht vertrauen könnte

Ich weiß nicht mehr
wer und wie Gott ist
und indem ich
dieses genaue Wissen von Gott
mühevoll verloren habe
fühle ich mich wunderbar gelassen
fühle mich eingefügt in den Sinn des Lebens
fühle mich geborgen im Sein
Fühle meine Bereitschaft zu leben
hier und jetzt
und meinen Weg
Wohin er auch gehen mag
anzunehmen

Wenn der eine Gott
jenseits aller Definition ist
welche Religion habe ich da

keine

oder alle

Wo ich verliere
gewinne ich
Wo ich gewinne
verliere ich

Ich lebe aus dem Bewusstsein zu vergehen
und doch
ewig zu sein

Das Normale ist das Wunder
je genauer ich es betrachte
und je tiefer ich darin eindringe
um es zu verstehen
umso mehr wird mir klar
dass ich nichts verstehe
und auf mein Vertrauen angewiesen bin

Weil ich nur mit dieser Gelassenheit
in der Lage bin
diese Unwissenheit zu ertragen.

Gelassen auf den Lebensfluss schauen
so spüre ich in mir die größte Kraft
und ich wünsche mir
diesen Zustand
einfach so - herbeiführen zu können
besonders dann
wenn die Unruhe in mir brodelt
und alles durcheinanderwirbelt
oft bin ich gerade dann
einer Antwort besonders nahe
nach der ich lange Zeit gesucht habe

In dieser inneren Unruhe
einen Ruhepunkt zu finden
das ist eine Kunst
die zu erlernen
ich mir immer wieder wünsche
und immer dann
wenn es mir gelingt
einen zentralen Haltepunkt zu finden
und das Bewusstsein erlange
mitten im Sturm

einen Punkt der Geborgenheit zu finden

begreife ich
dass ich aus dieser Spannung
zwischen Ruhe und Sturm
meinem Leben ein Stück Tiefe
und Gelassenheit
hinzugewonnen habe

Ich kann nicht
den ganzen Lebensbaum
auf einmal haben

Das Wunder des ersten Keims
in der Dunkelheit
Die junge zarte Pflanze
die sich den Weg ans Licht erkämpft
Die ersten Blüten
mit ihrer ganzen lockenden Faszination
Das Heranwachsen der Früchte
ihre Reife
und die Loslösung in neue Freiheit
und Unabhängigkeit

All das was in mir steckt
kann ich nicht auf einmal besitzen

Vieles
was erst noch kommen wird
hat sich noch nicht vollendet

Ich muss lernen
darauf zu vertrauen
dass ich all das schon bin

Die Kunst die ich nun üben muss
besteht darin
in allen Anforderungen
meiner spannungsgeladenen Lebensaufgaben
erwartungsvoll - gelassen zu sein

Auf die feine Stimme zu hören
die mein Leben fördert
um dieses Einzigartige
werden zu lassen
das ich nicht machen kann

Erfülltes Sein
ist das absolute Vertrauen
auf das
was sein wird

Wie ein Tautropfen
in der Morgensonne
kann mein Leben sein

Heiter
leuchtend
lichtdurchflutet

Es kann in Klarheit erstrahlen
meine Umgebung mit Glanz erfüllen
Impulse geben und bereichern

Ich entscheide
zu jeder Stunde neu

Was neu heranwächst
Behütet unter einem starken Schutz
drängt irgendwann zur Freiheit
um fortzuleben

Es braucht Vertrauen und Gelassenheit
um den rechten Zeitpunkt zu wählen

Befreit von der Enge
kann es die Zukunft erleben

Irgendwie schäme ich mich manchmal
so positiv über Gelassenheit zu schreiben
weil es mir doch eigentlich so gut geht

Ja
ich habe viele Probleme bewältigen müssen
Ängste und schlaflose Nächte gehabt
in denen ich mir
„Von guten Mächten wunderbar geborgen"
vorgesagt habe um nicht zu verzweifeln
über lange Zeiträume hinaus

Dennoch ist mir bewusst
dass es unendlich viel mehr Menschen gibt
denen es wesentlich schlechter
ergangen ist oder noch ergeht
das macht mich betroffen und demütig

Trotzdem halte ich daran fest
Es lohnt sich
für Hoffnung und Gelassenheit zu kämpfen
und sich vertrauensvoll
auf das Leben einzulassen

Ob unser Glück
von einem Gegenstand abhängt
den wir in der Tasche tragen
oder richtig herum
an die Haustür nageln
das kann ich nicht bestätigen

Ich weiß auch nicht
ob uns das wirkliche Glück
einfach so in den Schoss fällt
oder dummerweise daneben

Ich kenne nur den Weg
daran zu arbeiten
weil das eigentliche Glück
wohl eher in den inneren
als in den äußeren Lebensumständen
anzutreffen ist

Wenn es dann wieder einmal
mit mir nicht so gelaufen ist
wie ich es mir eigentlich vorgestellt hätte
dann wünsche ich mir die Geduld
gelassen mit meiner Unfähigkeit umzugehen
wie mit einem guten Freund

Meine Kräfte nicht an meinen Unmut zu
verschwenden
und mir selbst so zu begegnen
dass ich nicht an mir verzweifele
sondern gelassen und hoffnungsvoll
neu an den Start gehen kann

Mir selbst ein Freund

Unser Leben entfalten
können wir nur dann
wenn wir Gegensätze verbinden
zu einem Ganzen
in dem wir uns selber finden

Um ein Gleichgewicht herzustellen
müssen wir beide Seiten der Waagschale
ausgleichend belasten

Wir können nur Nähe vermitteln
wenn wir auch Distanz wahren können

Hören können wir nur
wenn wir die Stille erforscht haben

Frieden können wir nur stiften
wenn wir stark genug sind
Grenzen zu behaupten

Auf andere einlassen können wir uns nur
wenn wir uns auf uns selber
eingelassen haben

Licht erfahren
und seine Bedeutung erleben
können wir nur
wenn wir die Wirkung der Dunkelheit kennen

Fließend uns vorwärts entwickeln
können wir uns nur
wenn wir feste Wurzeln haben

Leben
wirklich leben
können wir schließlich nur
wenn wir nicht davor zurückscheuen
unser Leben einzusetzen
und es immer wieder wagen
diese Gegensätze
aufs neue
zu erforschen

Und uns
wohl bedacht
und nicht leichtfertig
auf sie einzulassen

Unsere Fähigkeit zu denken
suggeriert uns
es müsse für alles eine Erklärung geben
als sei es möglich
alles zu erhellen
und nichts
im Dunkel der Ungewissheit zu lassen

In dieser überheblichen Art zu denken
liegt die große Gefahr
der Fehleinschätzung
und wir erliegen unserem Wunschdenken
auf dem Weg zur großen Erkenntnis
aller Dinge zu sein

Aber diejenigen
die mehr wissen
die wissen auch
dass sie nichts wissen

Mit dem Rücken zur Wand
stand ich
viele Jahre

...dann war die Wand weg
und ich war wie gelähmt

Mein Gott
du hast zugelassen
dass mir das Letzte genommen wurde
was mir Schutz gab
beklagte ich mich

Nicht so
antwortete er mir

Ich habe dein Leben auf festen Grund gestellt
du hast mein Wort
ich werde dich nicht verlassen

Für das was dir genommen wird
werde ich dir besseres geben
du musst hier nicht mehr stehen
nicht mehr
nur aushalten

Geh

Nun geh schon weiter

Ich bin an deiner Seite

Immer wieder
kommen Zeiten
da müssen wir loslassen
vielleicht uns gar einfach fallen lassen

Das Äußerste ist erreicht
gewissermaßen hat sich etwas erfüllt
und das Festhalten macht keinen Sinn mehr

Die Frucht fällt vom Baum
wenn die Zeit reif ist

Das Wesentliche ist in ihr gewachsen

Es ist gut
wenn wir beim loslassen
auf das Wesentliche vertrauen können

Die wirklich wichtigen
Dinge des Lebens
kann ich nur
dauerhaft
in der Seele
aufbewahren

Individualität
ist das
was mit dem Tage der Geburt
einem jeden Menschen geschenkt wurde

Dieses einzigartige Leben
aufleuchten zu lassen
ist eine Fähigkeit
die mit Arbeit verbunden ist

Gelassen
auf den Lebensfluss schauen
und versuchen das innere Maß des Lebens
zu erfassen
zu begreifen
und danach zu handeln
das wünsche ich mir zu lernen

um auch im Sturm zu leben
und nicht geliebt zu werden

Alle Phasen des Lebens
haben ihre eigene Würde
Schönheit
und Berechtigung

Vorausgesetzt
ich lebe sie mit der Gelassenheit
die dem jeweiligen
Lebensabschnitt angemessen ist

Gelassenheit

ist die Ruhe des Herzens
das gelernt hat
geborgen im Fluss des Lebens
loszulassen

Es ist die Erkenntnis
dass ich das Leben lassen muss
zulassen muss
um es zu gewinnen

mit jeder Konsequenz

Ich übe immer noch

Sonnendurchflutete Zeiten
versorgen mich mit Kräften
die mich wachsen lassen
auf die Ziele hin
die mir das Leben steckt

Ich muss jedoch lernen
dass die Früchte des Lebens wachsen
nachdem die Blütenblätter
gefallen sind

Leben entfaltet sich
in den Stufen des Wachstums
die ich allein durch
Gelassenheit bewältige
indem ich aus allem versuche
das Beste für mein Leben zu machen

Meine Seele
sucht nach der Luft
um die Weite einzuatmen
die in ihr lebendig ist

Land und Meer
das ganze Universum
lebt in mir
wenn ich nur erfassen kann
dass ich Anteil habe daran
ohne jemals hier
oder dort
gewesen zu sein

In diesem Sinne
zu atmen
erfüllt mein Leben

Gelassenheit

ist die beste Voraussetzung
sprunghaft bereit zu sein
um auf Situationen einzugehen
die sich im Leben ergeben

Innere Bereitschaft ist bedeutender
als eine immer aktive Hektik
die mich wesentliche Dinge
versäumen lässt

Macht
Reichtum
Schönheit
Wissen und Intelligenz
alles ist bedeutungslos
ohne die Liebe

Wo ich nicht begreife
dass erst die Liebe mich verbindet
mit dem Lebensstrom
der meinem Innersten
Gelassenheit und Zufriedenheit zuleitet
und mich einbettet in die Zuversicht

Wie will ich dann leben können
wenn ich innerlich nicht mit dem verbunden bin
was mir
ganz persönlich und einmalig
mit meinem Leben
geschenkt wurde

Für den
der die Liebe auch nur erahnt
- denn begreifen kann man sie nicht -
zieht sie viele Dinge nach sich

Dankbarkeit und Demut
vor allen anderen Dingen
denn sie ist ein bedingungsloses Geschenk

Zu empfangen und weiterzugeben
denn sie ist in lebendiger Bewegung

Nicht zuletzt Gelassenheit
denn was immer geschieht
letztendlich ist es in der Liebe geborgen

Gelassenheit
braucht eine gewisse Anzahl
von Zutaten

Ich musst loslassen können
lassen – wie das Wort schon sagt
sonst kann nichts Neues kommen

Das geht nur
wenn ich Wurzeln habe
die im Vertrauen verankert sind
Das ist kein Widerspruch

Die Wurzeln wachsen
mit der Suche nach den Kräften des Lebens
weil sie die Verbindung sind
zu der Nahrungsquelle
die mich liebevoll versorgt

Ohne Hoffnung
kann ich das Leben nicht finden

Die Wurzeln aber
sie finden Ihren Weg
in der Tiefe der Dunkelheit
wo ich nicht sehen kann

Das ist das Vertrauen
das viele als Glauben bezeichnen

Und da schließt sich der Kreis
zur Gelassenheit

Ich fühle mich begleitet
von einer Kraft
unsichtbar
aber stark und verlässlich

Und versuche
jeden morgen
gelassen in den Tag hineinzugehen

Hoffnung verbinde ich nicht
mit der unbedingten Erwartung
dass etwas so ausgeht
wie ich es mir wünsche

Wohl aber arbeite ich daran
mein Ziel zu verfolgen
im Vertrauen darauf
dass am Ende gut sein wird
was geschieht

Ich bin innerlich bemüht
Enttäuschungen zu ertragen
und vorwärtszugehen
ohne mich entmutigen zu lassen

Mit Gelassenheit das zu akzeptieren
was mir widerfährt
Das ist jedes Mal ein Prozess
er nicht einfach ist
und meine ganze Energie fordert

Am Ende bin ich nicht immer der Sieger

Gerade in den Zeiten
in denen das Schicksal mir übel mitspielt
will ich den Blick behalten
für all die guten Dinge
die mir das Leben reichlich geschenkt hat

Sie allein sind es
die mir helfen können
gelassen
das zu bezwingen
was sich mir in den Weg stellt
um meine Ziele zu erreichen

Manchmal

ist es nur ein leiser Windhauch
der sich aufgemacht hat
aus dem unerschöpflichen Land
an dem sich Träume gestalten

Und ein neuer Gedanke erhebt sich
über alte Denkmuster hinaus
die rostig und brüchig geworden sind

Flügel breiten sich aus
und erkunden eine neue Perspektive
Möglichkeiten
die dem Leben neuen Raum geben

Für den Freund meines Herzens

dem ich begegnet bin
als die Zeit reif war
der sich zu mir gestellt hat
um mir ein wahrer Lehrer zu sein
und ein wahrhaftiger Freund

Der mich hineingenommen hat
in sein Leben
mich geduldig hat wachsen lassen
mich begleitet hat
um meinen eigenen Weg zu finden
und
Gottes Nähe im Blick zu behalten
um dem Leben nachzuspüren
das in jedem Herzen wohnt

Dir gilt mein tiefer Dank
für all das
was durch deine Zuwendung
in mir hat wachsen können

An einem Tag
an dem mich wieder einmal
schlimme Nachrichten niedergedrückt hatten
fragte ich das Leben

Warum muss ich immer wieder
mit dieser Verzweiflung kämpfen
die mir so viel Kraft abverlangt
dass ich meine Aufgaben nicht erledigen kann

Hast du denn immer noch nicht begriffen
dass du mir vertrauen kannst
Ich bin doch immer da
und gemessen am großen Ganzen
was sind denn schon deine Aufgaben

Tu was du kannst
Das ist
was ich von dir erwarte
Hab Vertrauen
alles andere kommt danach
Meine Entscheidungen
musst du lernen zu akzeptieren

Schau zurück
Du siehst doch
wie alle Dinge zusammengelaufen sind

Auch die
die dir zunächst Probleme bereitet haben
Sie haben sich später als gut und richtig erwiesen

Die wichtigste Aufgabe eines jeden Tages
ist dir dieses Vertrauen immer wieder zu
erkämpfen

Denn Vertrauen gibt es nicht als Vorratspackung
Vertrauen ist deine Entscheidung

Jeden Tag neu

Wer das begriffen hat
der kann das
wahrhaft als Glauben bezeichnen

Vertrauen zu mir
zum Leben

Kämpfe darum
und du wirst die Aufgaben erledigen
die deine Not wenden

Dein Glaube wird dir helfen
wie er dir immer geholfen hat
denn ich bin bei dir

Das Gute
im Schlechten suchen

Meine Aufgabe

Die Auferstehung
bedarf der Finsternis

Wenn unser Weg
durch die Dunkelheit führt
und wir mit jedem Schritt den wir gehen
einen festen Halt für unsere Füße suchen müssen
dabei nur unter Angst und Tränen
Stück um Stück
langsam vorankommen

Dann sind wir dankbar
für jeden Lichtstrahl
der uns zeigt worauf wir
vertrauen können

Jeder Schritt ist dabei ein Geschenk
der unser Leben
um unendliches reicher macht
selbst wenn wir es erst viel später
erkennen können

In unruhigen Zeiten
werden wir oft heftig durcheinandergewirbelt

Alles gerät aus den Fugen
wird infrage gestellt
und muss neu geordnet werden

Gefahr und Chance zugleich

Wenn ich Mut
Vertrauen
und Zuversicht habe
kann mir das helfen
eine neue Weite zu erringen

Habe ich das Recht
zu schreiben
von der Kraft der Hoffnung
wo ich selbst oft so mutlos bin

Vom Reichtum der Seele in jedem Menschen
wenn ich mich manchmal so armselig fühle

Von der Freizügigkeit des Fließen Lassens
wenn ich Angst habe
Wesentliches zu verlieren

Von der Wirkung des inneren Lichts
wenn ich doch selbst
immer wieder blind umherstolpere
um meinen Weg zu finden

Von der Macht der Liebe
wenn ich über meine Gleichgültigkeit erschrecke
und meine Gefühle taub sind

Von der Freiheit
wenn ich mich so sehr
in den Fesseln der Umstände
gefangen fühle

Von dem Leben das wächst
und Durchbrüche schafft
wenn ich gelähmt bin
und nicht meinen Finger rühren kann

Von dem unerschöpflichen Reichtum der
Lebensquelle
wenn ich mich so öde und vertrocknet fühle

Habe ich das Recht so zu schreiben
wenn ich so manches mal
selbst
an mir und all dem zweifele

Eben weil ich diese Ohnmacht
und Hilflosigkeit erlebe
habe ich das Recht dazu

Wie sollte ich die Strahlen der Sonne schätzen
würde ich nicht Kälte und Dunkelheit erfahren

Ich lebe
ich lebe entgegen aller Gesetze der
Wahrscheinlichkeit
und weil ich lebe
habe ich das Recht
an die positive Kraft des Lebens zu glauben

Frühling

Leben zeigt Auswirkung
macht außen erkennbar
was innen lebt

Doch das Sichtbare ist nur ein Teil
Ausdruck des unsichtbaren Wesentlichen
das im Dunklen Gestalt annimmt
wo das Auge des Unwissenden nicht sehen kann

In der Zeit
in der die Kraft fehlt
um Außen zu wirken
ist dem Leben das Geschenk gegeben
Zukünftiges innen zu gestalten

Ich lebe
aus dem Bewusstsein

zu vergehen

und doch ewig zu sein

Leben ist immer unberechenbar
es kennt keine Sicherheit
und doch
birgt es für den den reichsten Schatz
dessen Wurzeln tief
im Vertrauen verankert sind

Berg und Tal
erheben Anspruch auf den Fluss

Der Berg sagt
Ich habe ihn geboren
in mir ist sein Anfang

Das Tal hingegen sagt
zu mir hin ist sein Streben
ich empfange ihn

Der Fluss aber schweigt
und folgt unbeirrt seinem Sinn

Fließen ist sein Leben

und so verbindet er

Berg und Tal

Die Kunst

das Leben zu verstehen
liegt vielleicht darin begründet
zwei scheinbar unvereinbare Extreme
zu einem übergeordneten Prozess
zu vereinen

Die wunderbare Fantasie und Kraft
mit der sich das Leben
in unvergleichlichen Kunstwerken
ausdrückt und behauptet
einerseits

Die oft grausame Gewalt
und scheinbare Gleichgültigkeit
mit der diese einmaligen Lebensbilder
ausgelöscht werden
andererseits

Alles ist vielleicht nur zu verstehen
als ein einziger Prozess des Voranschreitens
in dem wir völlig enthalten sind
und in dem die zerstörerische Kraft
die Durchgangstür ist
das Vorangegangene neu zu ordnen

Ich will immer wieder neu lernen
mit Gelassenheit darauf zu vertrauen

Ich fragte die Schneeflocke
die nach einer langen Reise
vom Himmel kommend
sanft auf meinen Handrücken schwebte

Ist es nicht eine maßlose Verschwendung
mit wie viel künstlerischer Schönheit
du und deine Schwestern ausgestattet seid
Abermillionen Kunstwerke
jedes einzigartig
geschaffen
nur um dann wieder zu vergehen

Ihre Stimme war ein leiser Hauch
wie eine ferne
verzaubernde
unvergessliche Musik

Und sie sagte zu mir
wie dumm doch meine Frage sei
und dass ich nichts verstehe

von dem Zusammenhang
des großen Tanzes
an dem sie mitwirken dürfe

Wie kann das wohl eine Verschwendung sein
fragte sie mich dann

Die Sonne hatte sich
einen Weg durch die Wolken gebahnt
Und ich schaute auf
um mich an dem Tanz
ihrer Schwestern zu freuen

Als ich wieder auf meinen Handrücken blickte
sah ich dort
einen kleinen
funkelnden Tropfen
und mir war
als hätte er mir zugezwinkert

Der Prozess des Lebens
ist ein Prozess des Zurücklassens
und der gelingt mir nur
wenn ich Vertrauen habe zu dem
was auf mich wartet

Es ist gut
mich dabei in Gelassenheit zu üben

Immer wieder
betrete ich unbekanntes Land
und werde dabei herausgefordert

Es tut weh
Vertrautes einzutauschen
gegen das Neue das ich noch nicht kenne

Mich dem zu verweigern aber
bedeutet
keine Zukunft zu haben

Nur ein einzelnes Blatt
Ein warmer Windhauch löste es
nahm es mit sich
und legte es ganz leise
unter den Baum
Wohl kaum
dass jemand es bemerkt hätte

Und dann deckte
Blatt um Blatt
die Wurzeln der Bäume zu

Würde ganz tief dort unten
wo das Vergängliche zur Ruhe gelangt
nicht die Hoffnung leben

Wie könnte jemals das Licht
aus der Finsternis aufsteigen
und aus dem verzweifelten
dem zaghaften
dem blind tastenden Beginnen
das Neue werden lassen

Der Aufstieg

Ist mir oft das Erstrebenswerte
Jedoch manchmal
war auch ein Abstieg der Weg
der mich zu Erkenntnissen leitete
die sich nur
in der Tiefe erfahren lassen

Dann war der Weg nach unten
der eigentliche Weg
nach oben

Wenn wir auf unserem Weg
Nicht mehr vorankommen
Wenn Probleme uns umgeben
Ängste uns jagen
Und wir verzweifelt
nach einem Ausweg suchen
dann ist Gelassenheit
eine Brücke die trägt

Sie fällt nicht einfach so vom Himmel
Aber der Himmel hilft uns
Wege zu finden
das zuzulassen was nicht zu ändern ist
Vertrauen zu gewinnen
dass Neues in unser Leben kommt
an dem wir arbeiten können
um unter gegebenen Umständen
die Zukunft zu gestalten

Manchmal sitzen wir auf dem Trockenen
und das Leben funktioniert nicht so
wie wir es gerne hätten
Wir müssen das akzeptieren
innehalten
nachdenken darüber
dass wir nicht alles
nach unserem Willen gestalten können
Es kann uns zu der Einsicht führen
das Leben neu zu verstehen

Es kann das Meer

ein Baum oder der Fluss sein
den ich in Gedanken besuche
um alles um mich herum
versinken zu lassen

Alles was mich ausmacht wird bedeutungslos
und verschmilzt in einem einzigen
Großen ... Ja was ...
alles umfassenden Lebensprozess

Ich erlebe Zufriedenheit
Liebe - Leben
Ich stelle Fragen
und warte Auf Antworten

Es ist unbegreiflich
Mein eigenes kleines Leben
wird unbedeutend
dennoch geborgen und wesentlich
in diesem alles umfassenden
Sein Gottes

Ich würde gerne bleiben
in dieser Wirklichkeit des Friedens
Aber ich muss wieder hinaus
In die harte Realität
denn ich bin ein Wanderer
zwischen den Welten

Wenn wir Dinge
in einem anderen Licht betrachten
kommen wir zu neuen Erkenntnissen

Alles ist relativ
und unser Wissen Bedarf
einer ständigen Erneuerung

Mein Herz schlägt
auch dann
wenn ich nicht
genau weiß warum

Es gibt viele Wunder in meinem Leben
die ich versuche zu verstehen

Aber ich muss immer wieder begreifen
dass mein Leben auf
einem Geschenk basiert
und dass es
ohne mein Zutun funktioniert

Ob ich an Gott glaube

Ich kann ja gar nicht anders

Wenn wir am Boden liegen
sehen wir Dinge anders
als wenn wir aufrecht stehen

Verschiedene Sichtweisen zusammenfügen
das zeigt uns erst
wer wir wirklich sind

Dunkle Zeiten
zwingen uns oftmals dazu
über das Leben nachzudenken

Wenn das gelingt
kann aus der Bedrohung
auch ein Lichtblick werden
der uns mit Weisheit erfüllt
die wir sonst nie erahnt hätten

Auf der Suche

nach dem was ich nicht gefunden habe
habe ich oft gefunden
was ich nicht gesucht habe

Auch habe ich mir oft gewünscht
was ich
Gott sei dank
nicht bekommen habe

Das Leben hat eigene Wege
und das ist gut so

Die Frage nach Leben und Tod
entscheidet sich nicht nur
an einem biologischen Zustand

Es ist auch eine Frage
von Vertrauen und Mut
einen alten Zustand aufzugeben
um einen neuen zu erringen

Leben ist ein Entwicklungsprozess

Ohne Zurücklassen geht es nicht vorwärts

Gelassenheit ist der Motor
Liebe zum Leben der Treibstoff

Vertrauen
ist ein großes Wort
von Menschen oft missbraucht
gefolgt von Enttäuschung

Dem Leben zu vertrauen
ist eine andere Sache

Natürlich macht es mit uns nicht das
was wir uns wünschen
und dann sind wir auch enttäuscht
weil es eigenen
nicht unseren
Gesetzen folgt

Unsere Chance liegt darin
über das Leben zu lernen

Es will nicht unsere Erwartungen erfüllen
sondern unser Leben

Wenn sich die Sonne neigt
wird unser Schatten
größer als wir selbst

Schließlich verbindet er sich mit der Dunkelheit
dem Wohnsitz der Angst
und wir müssen lernen
zu sehen
wo kein Licht ist

Dort ist der Anfang der Erkenntnis
dass wir leben
weil uns das Leben geschenkt wurde
und dass wir auch dort geleitet werden
wo wir nicht mehr sehen können

Immer wenn wir uns dieses Vertrauen erkämpfen
beginnt ein neuer Tag
mit allen seinen Möglichkeiten

Wenn dein Herz
im Gleichgewicht ist
mit der Feder der Wahrhaftigkeit
dann bist du auf dem richtigen weg
sagte meine innere Stimme zu mir
und so kamen wir wieder einmal
miteinander ins Gespräch

Du musst mir das etwas genauer erklären
meinte ich

Mein Herz
ist nicht ohne Fehler und Verirrungen
und manchmal ganz schön schwer
vom Suchen
weil ich nicht immer weiß
wo es denn lang geht

Das ist nicht das Problem der Wahrhaftigkeit
antwortete meine Stimme

Fehler und Verirrungen werden die Waagschale
nicht zu deinem Nachteil neigen
solange du aufrichtig suchst

Erst dann
wenn du aufhörst
der Wahrhaftigkeit
mit der dir verfügbaren Kraft
einen Weg durch dein Leben zu bahnen
dann wird es schwer werden
und deine Seele in Gefahr bringen
denn dann verlierst du die Geborgenheit
im Gleichgewicht des Lebens

Licht und Dunkelheit
oben und unten
alle Wirkungen
von Gegensätzen
die das Leben mit sich bringt

musst du immer wieder
im Geist der Wahrhaftigkeit
neu überdenken

Alles hat seinen Sinn
und fordert deine Kraft
um das Rad des Lebens
deines Lebens
in Bewegung zu halten

Plane so dein Ziel
dann wird dein Herz
schweben wie eine Feder

Wenn ich mich
in einer sternklaren Nacht
einmal auf eine Wiese lege
und all die funkelnden Lichter betrachte
von denen manche schon
millionen Lichtjahre unterwegs waren
um von mir gesehen zu werden

Wenn ich mir bewusst mache
dass ich auf der Oberfläche eines Planeten
durch das All dahinrase
ohne weggefegt zu werden

und dass mein Körper
aus Elementen vergangener Sterne besteht
die mich mit alldem verbinden
von Anbeginn der Zeit

Dann kann ich nur noch begreifen
dass ich mich bedingungslos
auf etwas einlassen muss
was für mich unbegreiflich ist

Es macht mich demütig
und gelassen

Leben - Liebe und Gelassenheit
Vertrauen in die Zukunft

Und jeden Morgen geht die Sonne auf

Der Mensch
Ist unendlich viel mehr
Als er je ahnen kann
Und doch nur
Ein winzig kleines zum Ganzen

Aber das ist eine andere Geschichte!

Nachwort

Für mich ist Gelassenheit nicht ein andauernder Zustand völliger glückseliger Entspanntheit, sondern das Bewusstsein einer Lebensbasis, auf die ich zurückgreifen kann. Ein Vertrauen, das mich trägt, wenn ich nicht in der Lage bin, eine Lebenssituation selbständig zu Lösen.

Ich habe diese Texte geschrieben, weil ich immer wieder darum kämpfen muss, die Gelassenheit zu finden. Und um ehrlich zu ein – immer gelingt mir das nicht.
Vertrauen in die Grundkräfte des Lebens sind die Basis dafür. Vertrauen, dass alles, was nicht so läuft, wie ich es mir wünsche, dennoch einen Sinn hat, wenngleich ich ihn nicht oder besser – noch nicht – erkennen kann.

Es ist an der Zeit, dass wir erkennen, wie beschränkt wir Menschen doch sind im Erfassen unserer Umwelt und der Erkenntnis unser eigenen Wesensart.

Es ist mit uns, als lebten wir in einem Ameisenhügel mit der kleinen erlebten Welt um uns herum. Einerseits sind wir mit Fähigkeiten ausgestattet, die unvorstellbar weit über das hinausgehen, was wir überhaupt in der Lage sind auszuschöpfen. Andererseits fehlen uns Sinne und Fähigkeiten, das Undenkbare zu denken und zu erfassen.

Schon die Aufgabe, die Zeit als eine vierte Dimension zu begreifen, führt uns an einen Abgrund der Vorstellungen, und der Gedanke von Universen neben unserem Universum erscheint völlig paradox.

Einstein hatte einmal mit dem Blick auf eine Irrenanstalt gesagt. „Sie sehen dort den Teil der Verrückten, der sich nicht mit der Quantentheorie beschäftigt." Die neuen naturwissenschaftlichen Erkenntnisse übersteigen meine Fähigkeiten des Denkens bei weitem. Vielmehr noch wenn ich über Gott nachdenke.

Allerdings, wenn ich eine Verbindung herstelle, als würde ich einen Stecker in eine Steckdose stecken, dann erlebe ich die Wirklichkeit Gottes.

Um zu begreifen, dass wir im Grunde nichts begreifen, ist es von Bedeutung, Vertrauen in das Leben zu haben, um gelassen – Schritt um Schritt – voranzugehen in eine Zukunft, die wir nicht kennen, geschweige denn verstehen. Andererseits nicht aufzuhören, uns Schritt für Schritt, Bruchteile davon zugänglich zu machen.

Es warten immer neue Horizonte.

Der Autor
Reinhard C.L. Klopp

Mit den Notizen des Tagebuches und seinen Träumen, die zu spannenden Geschichten wurden, fing alles an. Heute ist es lebenswichtig für R.C.L. Klopp, im Gespräch zu sein mit Menschen oder Dingen, die ihm in Träumen und Gedanken begegnen, die zu bildhaften Geschichten und Texten werden.

Alles um ihn herum ist lebendig, sei es ein Stein, ein Baum, der Fluss oder die Schneeflocke. Dinge, die ihm Fragen stellen und auch Antworten geben, aus seinem Innersten heraus, je nachdem aus welchem Blickwinkel er sie betrachtet.

Dieses Betrachten spiegelt sich auch in seinen ausdrucksvollen Fotos wieder, die das festhalten, was ihn innerlich bewegt. Das, was in seinen bedeutungsvollen Texten zum Ausdruck kommt, ist ein Zwiegespräch mit seiner Seele

R.C.L. Klopp versteht es auf wundersame Weise, mit wenigen Worten die Seele des Betrachters, Lesers oder Zuhörers zu erreichen und ihn mitzunehmen auf eine spannende Reise durch eine innere Landschaft, die manchmal nebelverhangen und fragend ist oder sich in tausend bunten Farben vor dem inneren Auge ausbreitet. Durch die mit diesen Bildern gefüllte Sprache entsteht Raum zum Leben.

Vom Autor bisher erschienen:

Horizonte
Verdichtete Gedanken 1
ISBN 3-9807387-0-1
Vergriffen

Arm oder Reich
Verdichtete Gedanken 2
ISBN 3-9807387-2-8
Beim Autor erhältlich

Zeit ist der Schatten eines Flügelschlages
Verdichtete Gedanken 3
ISBN3-9807387-5-2
Beim Autor erhältlich

Liebe leben – Leben lieben
Verdichtete Gedanken 4
ISBN9783837038606
Im Buchhandel erhältlich

Er Wohnt nicht in einem Haus
Verdichtete Gedanken 5
ISBN 9783839109892
Im Buchhandel erhältlich

CD mit Konzertlesung
Das Leben hat mich losgeschickt
RCL Klopp - J.D. Richardson
Beim Autor erhältlich

Kontakt zum Autor:

rcl.klopp@web.de